Edition Korrespondenzen
Wojciech Czaja

Inhalt

Reisen mit leichtem Gepäck
Oder: Die Stadt ist mein Zimmer
Peter Stuiber   7

Eine Wiener Weltreise
Wojciech Czaja   11

100 Städte in Wien   16

»In Floridsdorf habe ich
Pittsburgh gefunden«
Anna Soucek im Gespräch mit dem Autor   217

Ortsverzeichnis   225

Vorwort

Reisen mit leichtem Gepäck
Oder: Die Stadt ist mein Zimmer

Peter Stuiber

Im Jahr 1794 erschien in Frankreich ein schmales Büchlein, das als Parodie auf die Flut an Reiseliteratur gedacht war: In *Die Reise um mein Zimmer* beschreibt Xavier de Maistre die Abenteuer, die man erleben kann, wenn man seine unmittelbare Umgebung einmal genauer unter die Lupe nimmt – und dabei seiner Fantasie freien Lauf lässt. Die Idee dazu kam dem Schriftsteller, als er wegen eines verbotenen Duells zu einem mehrwöchigen Hausarrest verurteilt worden war. Er begründete damit ein Genre, das zuletzt 2019 vom österreichischen Autor Karl-Markus Gauß mit seinem Buch *Abenteuerliche Reise durch mein Zimmer* aufgegriffen wurde.

Dass Xavier de Maistres Meisterwerk im Covid-19-Jahr 2020 eine Renaissance erfuhr, ist wenig verwunderlich, waren und sind wir doch mit einer Situation konfrontiert, die wir nur aus dystopischen Romanen und Filmen kennen. Doch anders als Camus' *Die Pest*, die ebenso von vielen in der Lockdown-Zeit (wieder)gelesen wurde, hat de Maistres »Zimmerreise« etwas Tröstliches, Schelmisches. Sie überwindet die Schockstarre des Eingesperrtseins, relativiert Nähe und Distanz, erkundet das Große im Kleinen, aktiviert unsere Entdeckungsfreude.

Damit hat das Buch vieles gemein mit der Fotoserie *Almost* von Wojciech Czaja. Der Architekturjournalist und Publizist ist ein Vielreisender und Vielgereister. Sein 2018 erschienenes Buch *Hektopolis. Ein Reiseführer in hundert Städte* legt davon Zeugnis ab. Als Czaja coronabedingt in Wien bleiben musste, wurden die Grenzen seiner Heimatstadt plötzlich zu den Grenzen der Welt. Mit dem Motorroller erkundete er dieses scheinbar bekannte Terrain, ohne Richtung und Ziel. Letzteres fand er erst, als er im 12. Bezirk ein Haus entdeckte, das ihn an die Bauhaus-Moderne von Tel Aviv erinnerte. Ein schnelles Foto mit pointiertem Bildausschnitt, dazu ein kurzer Kommentar (»Almost Tel Aviv. My little Hektopolis in times of Corona«) – und schon ging ein Facebook-Posting online, das sein weiteres Jahr 2020 maßgeblich bestimmen sollte.

Denn die Reaktionen waren so überwältigend, dass es für ihn ab sofort kein Stillstehen mehr gab. Es folgten unzählige Entdeckungsreisen in Weltstädte wie Rom, Peking oder Havanna, aber auch Abstecher in Provinzmetropolen wie Weimar, Zabrze oder Palm Springs. »Du darfst mit dieser Serie nie mehr aufhören«, war nur einer von vielen Kommentaren, die Czaja zu immer neuen Kurztrips innerhalb der Stadt trieben. Ein anderer User berichtete davon, dass er nun gemeinsam mit seinem Sohn all jene Orte, die Czaja fotografiert hat, bereisen wolle.

In seiner Serie hält sich Wojciech Czaja mit Worten radikal zurück – die Auswahl der Städte, die hier immer auch augenzwinkernd zitiert werden, ist Kommentar genug. Auf der Bildebene spielt er alle Register. Mal geht es um architektonische Stilelemente wie aus dem Lehrbuch, dann wieder um bizarre Details, die verblüffen oder schlichtweg amüsieren, und schließlich viel um die

Stimmung des Ortes, um die Szenerie. Von kunsthistorisch bis kritisch, von subtil bis polemisch: Czaja assoziiert frei, und diese Freiheit ist der Grund für den unwiderstehlichen Charme dieser Fotoserie, die auch in der österreichischen Tageszeitung *Der Standard* erschienen ist und nun in Buchform vorliegt.

Wojciech Czaja ist natürlich nicht der Erste, der auf derartige Ähnlichkeiten und Seelenverwandtschaften zwischen Städten hingewiesen hat. Das Thema ist fester Bestandteil der Kunst und der Kunstgeschichte. Doch im Gegensatz zu seinen Vorgängern gelingt ihm bei *Almost* eine Balance, die unsere Sichtweise spielerisch verändert und damit jene Assoziationsräume schafft, die wir dringend brauchen. Als Mann vom Fach weiß er viel über Architektur, doch er reist mit leichtem Gepäck und nimmt uns mit an der Hand. Oder, besser gesagt, auf seiner Vespa. Gut anhalten, es wird durchaus rasant!

Peter Stuiber arbeitet seit 2005 im Wien Museum und ist dort u.a. redaktionsverantwortlich für das Wien Museum Magazin. Er kuratiert Ausstellungen bzw. publiziert Bücher zur Design- und Kulturgeschichte.

Eine Wiener Weltreise

Wojciech Czaja

29. April 2020, irgendwann am Nachmittag, unterwegs mit Helm, Lederjacke und mittelprächtiger Laune, als ich in der Wolfganggasse, Ecke Herthergasse, abrupt eine Notbremsung hinlege. Auf den ersten Blick ein ganz normales gründerzeitliches Wohnhaus, errichtet um 1900, das vor nicht allzu langer Zeit, wie es scheint, einen hellen, blaugrauen Anstrich mit weißen Fensterfaschen verpasst bekommen hat. Wären da bloß nicht die vier abgerundeten Balkonbänder, die sich wie massiv anbetonierte Viertelkränze vom ersten bis in den vierten Stock ums Gebäudeeck schmiegen und dem Haus auf diese charmant irritierende Weise einen exotischen Touch verleihen. Ein bisschen Bauhaus, ein bisschen Moderne, ein bisschen International Style.

»In Wien finden sich Bauwerke aller Stilepochen der Architektur, von der romanischen Ruprechtskirche über den gotischen Stephansdom, die barocke Karlskirche, die hochbarocke Jesuitenkirche und die Bauten des Klassizismus bis zur Moderne«, heißt es im Wikipedia-Eintrag zur österreichischen Bundeshauptstadt. »Besonders hervorzuheben ist jedoch die Architektur der Gründerzeit, die die ehemalige Kaiserstadt Wien wie aus einem Guss erscheinen lässt.«

Wikipedia ist sehr auskunftsfreudig. Und doch ist dieser architektonische, städtebauliche Guss, von dem hier die Rede ist, aufgrund der Geschichte und Schicksalsschläge in Zusammenhang mit dem Zweiten Weltkrieg viel heterogener als in vielen anderen historischen Europastädten wie etwa Rom, Paris, Krakau, Amsterdam oder Barcelona. Wien ist nicht nur Wien. Wien ist, zumindest hier in der Wolfganggasse, beinahe auch Tel Aviv. Zum Beweis, Froschperspektive, steiler Blick nach oben, ein Schnappschuss mit dem Smartphone.

Dies ist der Beginn einer Fotoserie, die diesem eigenartigen Jahr 2020, in dem unser soziales, kulturelles, wirtschaftliches Zusammenleben durch ein Virus durcheinandergebracht wurde, nun endlich einen Sinn geben soll. Während sich mir das Reisen über die Landesgrenzen hinaus verschließt, erschließt sich zugleich ein neuer Blick auf die mir vermeintlich längst bekannte Stadt. Und so entdecke ich, statt in die Welt zu reisen, die Welt in Wien: Jesolo am Schwedenplatz, Madrid auf der Freyung, Denver am Handelskai, Irkutsk in der Simmeringer Hauptstraße oder etwa die königliche Salinenstadt Arc-et-Senans des französischen Revolutionsarchitekten Claude-Nicolas Ledoux, Unesco-Weltkulturerbe seit 1982, in der Prinz-Eugen-Straße 38, gleich neben der Türkischen Botschaft.

Fernweh kennt kein Corona, und so lege ich an manchen Tagen im Kopf 10 000 Meilen oder mehr zurück und wickle mich in einem halben Jahr gleich ein Dutzend Mal um den Globus.

»All perception of truth is the detection of an analogy«, sagte einst der US-amerikanische Schriftsteller und Philosoph Henry David Thoreau, jener Mensch, der zwei Jahre lang in einer Holzhütte am Walden Pond in

Concord, Massachusetts, lebte, als er sein wohl berühmtestes Buch *Walden, or, Life in the Woods* schrieb. Walden, almost Wienerwald. Oder vielleicht auch: Walden, almost Bregenzerwald. Jede Wahrnehmung der Wahrheit ist die Entdeckung einer Analogie.

Bedenkt man, wie viele Millionen Wege, Straßen, Plätze, Gärten und Bauwerke die Menschheit in den letzten Jahrzehnten, Jahrhunderten, Jahrtausenden bereits erschaffen hat, verwundert es nicht, dass so manche Idee, dass so manche Schöpfungskraft bei Weitem kein Unikat ist, sondern sich gleich doppelt, vielleicht sogar mehrfach in der gebauten Realität niedergeschlagen hat.

Manchmal entstehen formale, strukturelle, morphologische Ähnlichkeiten durch Zufall. Lange Zeit vor Beginn kulturellen Austauschs manifestiert sich das Phänomen beispielsweise in der global zigfach aufkeimenden Pyramidentypologie – in den pharaonischen Grabstätten in Gizeh und Sakkara, in den Tempelanlagen der Maya und Azteken in Mexiko, aber auch in den riesigen Hügelmausoleen der Kaiserinnen und Kaiser der Westlichen Han-Dynastie in Xianyang.

Manchmal entstehen Ähnlichkeiten auf Basis eines gemeinsamen Technik-, Kultur- und Wertefundaments, das sich auf der ganzen Welt baulich entsprechend sinnbildlich niederschlägt. Beispiele dafür sind die Triumphbögen in Paris und Pjöngjang, die Winterchalets in Colorado und in der Schweiz sowie der soziale Wohnungsbau in Kuba und in der DDR. Die Liste an baulichen Prototypen und geografischen Verortungen ließe sich endlos fortsetzen und hat vor einigen Jahren in der Ausstellung *Linz Texas. Eine Stadt mit Beziehungen* im Architekturzentrum Wien Niederschlag gefunden.

Und manchmal entstehen Ähnlichkeiten – auch das ist der Baukunst Ansporn – in vollster, zielstrebigster

Absicht. Original- und Replikatexempel für diese Copy-Paste-Kultur, die im Betrachter mal ein Lächeln, mal ein Schaudern hervorrufen, sind der Campanile in Venedig und Las Vegas, das Kapitol in Washington, D.C. und Melekeok (Palau) und das blattvergoldete Johann-Strauß-Denkmal, dem man nicht nur im Wiener Stadtpark begegnet, sondern auch in der chinesischen Megametropole Kunming.

Dass diese architektonischen Analogien nicht nur in der globalisierten Gegenwart Sehnsüchte wecken, sondern auch früher schon eine ganze Sehnsuchtsmaschinerie am Laufen hielten, beweist ein Blick in die Wiener Geschichte des späten 19. und beginnenden 20. Jahrhunderts: Auf der Weltausstellung 1873 wurde die große weite Welt auf einer Fläche von fast 240 Hektar nachgestellt – vom japanischen Tempelgarten über das nordamerikanische Wigwam bis hin zur persischen Villa. 1895 wurde mit *Venedig in Wien* auf dem Gelände der Kaiserwiese einer der ersten Themenparks der Welt eröffnet – diesmal mit Palazzi, venezianischen Gondeln und eigens aus der Lagunenstadt importierten Gondolieri. Und auf der Adria-Ausstellung 1913 wurde in der Nähe der Rotunde ein künstlicher See mitsamt kleinem Dampfschiff geschaffen. Mehr als zwei Millionen Besucher reisten zwischen 3. Mai und 5. Oktober damals an die fast echte Adria.

Nicht immer ist die Weltreise eine geplante und beabsichtigte. Manchmal versteckt sie sich in einem Innenhof, taucht unerwartet zwischen zwei Häusern auf oder erscheint für einen flüchtigen Augenblick im Vorbeifahren oder in der warmen Spiegelung der untergehenden Sonne. Diesem nur selten intendierten, meist gefundenen und emotional, atmosphärisch assoziierten Blick auf die Welt widmet sich das Buch *Almost*. Es zeigt den urbanen, baukulturellen Reichtum Wiens in hundert Facetten, die nicht unterschiedlicher sein könnten, stellvertretend für all die Vielfalt, die in dieser historisch gewachsenen Stadt zu finden ist.

Almost ist kein Fotoband, denn sowohl die technischen Fähigkeiten des Fotografierenden als auch die technischen Möglichkeiten des iPhone 8, 64 GB, Kamera mit elektronischem Zoom, zigmal beim Fotografieren auf den Asphalt hinuntergefallen, sind enden wollend. Vielmehr ist *Almost* ein optisches Lesebuch, das die Leserinnen, die Leser wie jedes literarische Werk auf eine imaginäre Reise entführen möchte. Mal auf eine Zeitreise im Böhmischen Prater oder in einem privaten Partykeller von Verner Panton irgendwo in Währing. Mal dorthin, wo man ein paar Schritte neben dem Zentralfriedhof Sambarhythmen erklingen hört. Mal zu einer Wiener Sehenswürdigkeit, von der aus man, ja wirklich, die Golden Gate Bridge am Horizont sehen kann. Neue Wahrheiten, ganz im Sinne Thoreaus.

Almost. 100 Städte in Wien ist im Jahr 2020 mein Ausdruck von Fernweh und Sehnsucht nach der Fremde. Und es ist die überraschende empirische Erkenntnis, dass dieser Hunger manchmal in einem Radius von zehn Kilometern gestillt werden kann.

Almost Alhambra

LAINZER TIERGARTEN
HIETZING

Almost
Frankfurt am Main

MARXERGASSE
LANDSTRASSE

Almost Dubai

JANIS-JOPLIN-PROMENADE
SEESTADT ASPERN

Almost Marrakesh

MAROKKANERGASSE
LANDSTRASSE

Almost Munich

SCHALLAUTZERSTRASSE
INNERE STADT

Almost Jesolo

SCHWEDENPLATZ
INNERE STADT

Almost
Marfa, Texas

FLORIDUSGASSE
FLORIDSDORF

Almost Kyoto

HOHE WARTE
HEILIGENSTADT

Almost Dessau

RUDOLF-SALLINGER-PLATZ
LANDSTRASSE

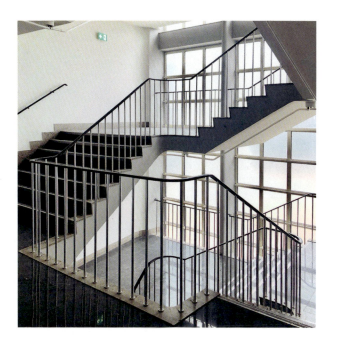

Almost Bordeaux

RATHAUSPLATZ
INNERE STADT

Almost Quito

SIEGESPLATZ
ASPERN

mit viel Fantasie :)

Almost São Paulo

HASNERSTRASSE
OTTAKRING

Almost Gomel

HERNALSER HAUPTSTRASSE
HERNALS

Almost Tel Aviv

WOLFGANGGASSE
MEIDLING

Almost
Rio de Janeiro

SIMMERINGER HAUPTSTRASSE
SIMMERING

Almost Sofia

AM SCHÖPFWERK
ALTMANNSDORF

Almost Gera

FASANGARTENGASSE
SPEISING

Almost Périgueux

KARMELITERGASSE
LEOPOLDSTADT

Almost Lviv

GIGERGASSE
LANDSTRASSE

Almost
Midtown Manhattan

GRINZINGER STRASSE
HEILIGENSTADT

Almost
Maasdijk, Westland

WILDPRETSTRASSE
KAISEREBERSDORF

Almost
Villa Malaparte, Capri

NEUBAUGÜRTEL

RUDOLFSHEIM-FÜNFHAUS

Almost Rome

DR.-KARL-RENNER-RING
INNERE STADT

Almost Isfahan

NUSSWALDGASSE
DÖBLING

Almost Atlantis

SCHÖNBRUNNER STRASSE
MEIDLING

Almost Copenhagen

PRIVATER PARTYKELLER
WÄHRING

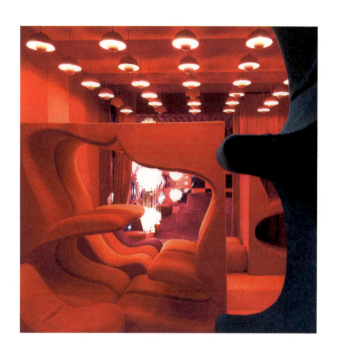

Almost Irkutsk

SIMMERINGER HAUPTSTRASSE
SIMMERING

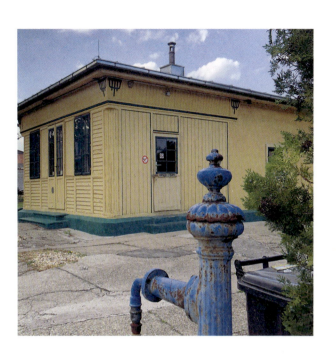

Almost Asmara

LANDSTRASSER HAUPTSTRASSE
LANDSTRASSE

Almost Trabzon

FLORIDUSGASSE
FLORISDORF

Almost Cambridge

PESTALOZZIGASSE
INNERE STADT

Almost Valencia

ARSENALSTRASSE
LANDSTRASSE

Almost Marseille

PENZINGER STRASSE
BAUMGARTEN

Almost Alpbach

LUITPOLD-STERN-GASSE
LOBAU

Almost
Kuwait City

MARGETINSTRASSE

ALBERN

Almost Constantinople

LAAER WALD
FAVORITEN

Almost Asunción

MIGAZZIPLATZ
MEIDLING

Almost Beijing

TRIESTER STRASSE
LIESING

Almost Pittsburgh

LOUIS-HÄFLIGER-GASSE

FLORISDORF

Almost London

RECHTE WIENZEILE
MARGARETEN

Almost Toulouse

JÄGERSTRASSE
BRIGITTENAU

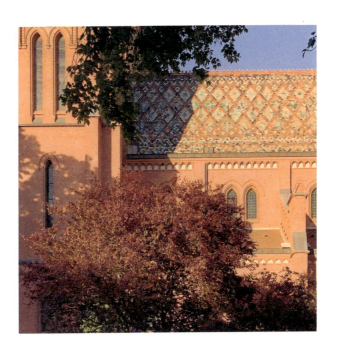

Almost Madrid

FREYUNG
INNERE STADT

Almost Guangzhou

WIEDNER GÜRTEL
FAVORITEN

Almost
Washington, D.C.

KARL-SCHWEIGHOFER-GASSE
NEUBAU

Almost Angkor Wat

FISCHERSTIEGE
INNERE STADT

Almost Venice

PRATERSTRASSE
LEOPOLDSTADT

Almost Costa Brava

MOZARTPLATZ

WIEDEN

Almost Bullerby

FLÖTZERSTEIG

BAUMGARTEN

Almost Bel Air

HAUPTSTRASSE
AUHOF

Almost Tokyo

WIEDNER GÜRTEL
WIEDEN

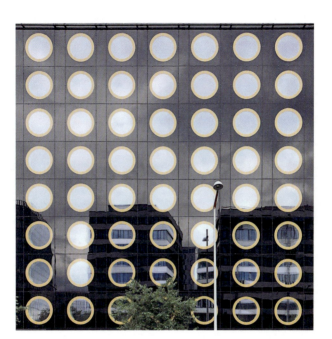

Almost Amiens

PASSAUER PLATZ
INNERE STADT

Almost
Phnom Penh

MAXINGSTRASSE
HIETZING

Almost
Buenos Aires

GUMPENDORFER STRASSE

MARIAHILF

Almost
Büyükada, Princes Islands

HÜTTELBERGSTRASSE
HÜTTELDORF

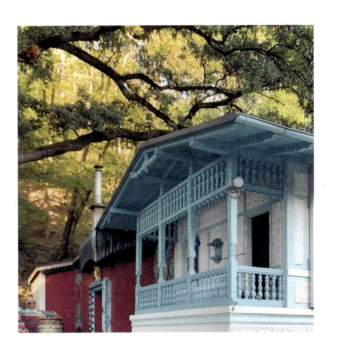

Almost Loreto

LEDERERGASSE
JOSEFSTADT

Almost Cologne

HANDELSKAI
BRIGITTENAU

Almost Pompeji

SIEBENBÜRGERSTRASSE
STADLAU

Almost
Park an der Ilm, Weimar

STOFFELLAGASSE
LEOPOLDSTADT

Almost Pyongyang

ANTON-BAUMGARTNER-STRASSE
LIESING

Almost
St. Petersburg

ZELINKAGASSE
INNERE STADT

Almost Zakopane

ASPERNSTRASSE
ASPERN

Almost Nuremberg

MEXIKOPLATZ
LEOPOLDSTADT

Almost Prague

ESTERHÁZYPARK
MARIAHILF

Almost
San Francisco

RIESENRADPLATZ
LEOPOLDSTADT

Almost
Des Moines, Iowa

APOLLOGASSE

NEUBAU

Almost Timişoara

PRAGER STRASSE
JEDLESEE

Almost Everglades

BRÜCKENWEG
AUHOF

Almost Brussels

PRATERSTRASSE
LEOPOLDSTADT

Almost Havanna

→ leider nicht nur intuit "almost", sondern gaaaanz weit weg vom Original! 😒

Da musst einfach 'mal hin und dir die traumhafte Stadt selbst anschauen ☀

FRANZENSBRÜCKEN
LEOPOLDSTADT

HIGHLIGHT

Almost Berlin

LYDIA-SICHER-GASSE
SEESTADT ASPERN

Almost
Nizhny Novgorod

AUSSTELLUNGSSTRASSE
LEOPOLDSTADT

Almost Detroit

MOSELGASSE
LAAER BERG

Almost Bristol

ROTENTURMSTRASSE
INNERE STADT

Almost
New Territories, Hong Kong

NORDMANNGASSE
DONAUFELD

Almost Zurich

KELLERMANNGASSE
NEUBAU

Almost Jurmala

MAURER LANGE GASSE
LIESING

Almost Bregenzerwald

HAUPTSTRASSE
AUHOF

Almost Bishkek

ZSCHOKKEGASSE
DONAUSTADT

Almost Kandy

PRATERSTERN
LEOPOLDSTADT

Almost Helsinki

BREITENFURTER STRASSE
ATZGERSDORF

Almost Lhasa

APOLLOGASSE
NEUBAU

Almost
Arc-et-Senans

PRINZ-EUGEN-STRASSE
WIEDEN

Almost
Elliot Lake, Ontario

LUITPOLD-STERN-GASSE
LOBAU

Almost Chicago

WEXSTRASSE
BRIGITTENAU

Almost Pristina

NORDBERGSTRASSE
ALTHANGRUND

Almost
Bo-Kaap, Cape Town

TRIESTER STRASSE

INZERSDORF

Almost Belgrade

LINKE WIENZEILE
MARIAHILF

Almost Paris

BARNABITENGASSE
MARIAHILF

Almost Stavanger

HERDERPLATZ
SIMMERING

Almost
Zabrze, Silesia

KAISERSTRASSE

NEUBAU

Almost
Palm Springs

SIMMERINGER HAUPTSTRASSE
SIMMERING

Almost Heidelberg

ST.-ULRICHS-PLATZ
NEUBAU

Almost Denver

HANDELSKAI
LEOPOLDSTADT

Almost Krk

STEINBRECHERGASSE
KAGRAN

Almost
Nørre Lyngby

NELSON-MANDELA-PLATZ
SEESTADT ASPERN

Almost Dresden

NORDBAHNSTRASSE
LEOPOLDSTADT

Almost
Mount Rushmore

RASUMOFSKYGASSE
LANDSTRASSE

Almost
La Motte, Bretagne

KNÖDELHÜTTENSTRASSE
HÜTTELDORF

Almost
Big Springs, Nebraska

1. MOLOSTRASSE
ALBERN

Almost Bamberg

GROSSE PFARRGASSE
LEOPOLDSTADT

Almost Zakynthos

LANDSTRASSER GÜRTEL
LANDSTRASSE

»In Floridsdorf habe ich Pittsburgh gefunden«

Anna Soucek im Gespräch mit Wojciech Czaja

Angefangen hat alles mit dem Fund von Tel Aviv in der Wolfganggasse. Wann sind Sie draufgekommen, dass es eine Reihe wird?

Ungefähr nach dem zehnten Foto. Beim Spazierengehen und Durch-Wien-Fahren sind mir mehr und mehr Orte untergekommen. Da ist mir langsam klar geworden: Bei einem Dutzend Fotos wird es nicht bleiben. Bislang habe ich auf Facebook knapp 400 Fotos gepostet.

Da muss eine ziemliche Sammlerwut aufgeblüht sein! Haben Sie sich gewisse Stadtgebiete vorgeknöpft oder haben Sie sich wie ein situationistischer Flaneur vom Zufall leiten lassen?

Sowohl als auch. Zum einen lasse ich mich treiben, zum anderen habe ich im Laufe der Zeit To-do-Listen für einerseits Wiener Orte, andererseits Weltenorte angelegt. Die Recherchearbeit jedoch hatte schon lange vor dem ersten Foto begonnen. Wie für viele andere, die sich als soziale Wesen verstehen, war der Lockdown für mich ziemlich schmerzlich. An Abenden, an denen ich sonst mit Freunden unterwegs gewesen wäre, bin ich mit der Vespa herumgefahren. Gezielt – oder auch gezielt ziellos – in Viertel oder Straßen, die mir unbekannt waren. Auf diesen Reisen durch Wien habe ich viele Bilder im Kopf gesammelt.

*Ich denke, dass sich die Fotos in zwei Gruppen ein-
teilen lassen: Es gibt die formalen Zitate von Ikonen,
etwa das Weiße Haus oder das Kolosseum. Und es
gibt Fotos, die – über die medial bekannten Bilder
hinaus – eine Stimmung oder Atmosphäre wieder-
geben, die eher visuell als verbal festzumachen ist.*

Es ist tatsächlich so. Manche Fotos sind sehr klar zuor-
denbar, als Referenzen von Wahrzeichen, Sehenswürdigkeiten und ikonographischen Gebäuden, die viele von uns
im Kopf haben. Auch wenn die Assoziationen manchmal
recht banal sind: Diese Ikonen in Wien zu finden ist extrem
lustvoll! Die für mich subtilere Freude aber kommt bei
jenen Referenzorten auf, wo ich eben nicht ein konkretes
Bauwerk zitiere, sondern eine Stimmung einfange. Oft weiß
ich gar nicht, ob es am zitierten Ort genau so ein Straßen-
eck überhaupt gibt oder nicht. Sofia zum Beispiel! Ich war
dort noch nie, und ich gehe davon aus, dass genau so ein
Ensemble, wie ich es in Wien gefunden habe, in Sofia gar
nicht existiert. Es geht um die Stimmung.

*Und um die Collagenhaftigkeit, um die Schichtung
von Symbolen und Bauelementen aus verschiede-
nen Epochen – um beim Beispiel Sofia zu bleiben:
vom Betonbau über das griechisch-orthodoxe Kreuz
auf der Kapelle bis hin zum Euro-Zeichen auf der
Bankomaten-Litfaßsäule.*

Schön, wenn all diese Bilder durchblitzen und sich
bemerkbar machen!

*Insgesamt hat das Projekt »Almost« wohl auch auto-
biographische Züge, denn es reflektiert Ihre eigene
Reisetätigkeit.*

Mir wird jetzt, wo ich kaum über die Wiener Stadtgrenzen hinauskomme, klar, wie verdammt viel ich in meinem Leben schon gesehen habe. Ja, es ist fast wie eine Aufarbeitung meines bisherigen Jetlag-Jetset-Lebens. Immer im Abenteuer drin, und manchmal ohne die nötige Zeit, um das Gesehene und Erlebte auch emotional zu verdauen. Einiges habe ich mit dem Buch *Hektopolis* verarbeitet, und einiges arbeite ich jetzt auf.

Wie gehen Sie vor?

Ich war noch nie in meinem Leben so viel auf Google Maps und Google Earth unterwegs wie derzeit. Das sind hilfreiche Tools, um vage Eindrücke konkret zu machen. In Floridsdorf beispielsweise habe ich mir eingebildet, Pittsburgh gefunden zu haben. Aber natürlich musste ich nachrecherchieren, ob meine Assoziation überhaupt der Realität entspricht: Gibt es diese Art von Industriebauten und Fabrikhallen aus dieser Zeit? Mit dieser Farbigkeit und in dieser Größe? Oder ist das alles nur ein Trugbild? Vieles fotografiere ich im Vorbeifahren, weil ich mir denke: Ah, das ist strange und irgendwie untypisch für Wien. Oder aber es ist wie ein Déjà-vu! Das habe ich doch schon einmal irgendwo gesehen, bloß finde ich es in meinem Kopf nicht. Manchmal fügen sich die Bilder dann aber doch noch zusammen, oft erst Wochen später, und plötzlich gibt es eine Entsprechung.

Zur spezifischen Aura eines Ortes gehören aber nicht nur Bauwerke, sondern auch die Menschen. Auf den Fotos sind kaum je Menschen zu sehen. Spiegelt das den harten Lockdown im Frühjahr 2020 wider?

Das ist sicher ein Grund. Ein anderer Grund aber ist, dass ich oft den fotografischen Blick nach oben wähle, auf Hausfassaden und Giebel, also über Menschenköpfe hinweg. Aus diesen beiden Faktoren ist die Abwesenheit von Menschen irgendwann zu einem Gestaltungsprinzip geworden – so wie auf den Bildern von Giorgio de Chirico. Fehlen die Menschen?

Nachdem die Angabe der Referenzstadt ja in jedem Bildtitel enthalten ist, sucht man freilich nach visuellen Clous, die einem versichern, doch noch in Wien zu sein – ein Autokennzeichen, eine Straßenmöblierung, ein bekanntes Bauwerk im Hintergrund. Dazu gehören auch die Menschen. Welche Gestaltungsprinzipien haben sich denn sonst noch herauskristallisiert?

Etwa die Entscheidung, nur mit dem Smartphone zu fotografieren, statt mit einer Kamera mit optischem Zoom. Was mich – zugegeben – manchmal ein wenig grantig macht, weil es mich in der Wahl des Bildausschnitts einschränkt. Manchmal spiele ich mich ziemlich lang herum. Ich lege mich auf die Straße oder krieche herum, um den richtigen Bildausschnitt zu finden, begleitet von Hupen und Beschimpfungen der Autofahrer. Andere wiederum lachen.

Wie viel Manipulation steckt in dieser Art der Bildkomposition?

Das bewusste Einfangen von Details ist ja an sich schon manipulativ, aber noch manipulativer ist natürlich, Details bewusst auszulassen, die ein bestimmtes Bild schwächen oder konterkarieren würden. Manchmal kommt es vor, dass ich einen Kirchturm oder die Nachbarhäuser bewusst ausklammere. Bei den meisten Fotos handelt es sich um Detailaufnahmen, um kleine Fragmente des großen Ganzen, die oft aus dem räumlichen Kontext gerissen werden, um das Illusionsbild nicht zu schwächen. Ein kleiner Schwenk der Kamera würde reichen, um dieses Illusionsbild zu verändern. In der Knödelhüttenstraße in Hütteldorf beispielsweise habe ich La Motte in der Bretagne fotografiert. Blickt man ein paar Millimeter weiter, hat sich das Bild schon gewandelt und man ist ganz woanders, vielleicht in Wales, vielleicht in Schottland.

Ich habe darüber nachgedacht, ob das ein touristischer Blick ist – dieser Fokus auf einen bestimmten Ausschnitt als Bestätigung einer Vermutung. Allerdings ist diese Vermutung ja gespeist durch einen breiten Blickwinkel auf die Welt, und die Bestätigung gelingt nur durch ein offenes Auge. Inwiefern haben Sie beim Fotografieren gewohnte Blickmuster ablegen müssen, um einen neuen Blick auf die altbekannte Stadt zu gewinnen?

Der touristische Blick bedeutet, das abzufotografieren, was ich eh schon kenne, um eine gewisse Bestätigung und Bestärkung einzuholen. In den *Almost*-Fotos ist das meistens nicht der Fall. Ganz im Gegenteil! Ich fahre mit einem neugierigen Blick durch Wien und bemühe mich, alle Bilder, Schablonen und visuellen Vorurteile abzulegen. Stattdessen gleiche ich das Gesehene – quasi in Echtzeit – mit meinem mentalen Archiv ab, also mit dem, was ich schon irgendwo anders auf der Welt glaube gesehen zu haben, in Frankfurt, in Isfahan, in den New Territories in Hongkong.

Von wie vielen Städten von Vorbildern sprechen wir?

Schwer zu sagen. Ich war bislang in etwas mehr als 70 Ländern. Ich denke, da werden schon an die 300 oder

400 Städte zusammengekommen sein. Gerade bei Wiener Sehenswürdigkeiten und Straßen und Plätzen, wo man schon tausendmal war, ist es sehr anstrengend, nicht das zu sehen, was man immer schon gesehen hat. Gleichzeitig ist diese Disziplin und die unentwegte Suche nach dem Fremden im Bekannten auch sehr lustvoll.

Ist das auch der Grund, warum in Ihrer Serie nie eine Hausnummer oder die konkrete Bezeichnung eines Gebäudes zu finden ist?

Ja. Die Adressangaben konzentrieren sich auf Straße und Bezirk. Es ist ein Unterschied, ob ich den Blick auf die Pensionsversicherungsanstalt richte, um ein Beispiel zu nennen, oder auf ein neu zu betrachtendes Gebäude am Handelskai.

Lassen sich aus solchen Blicken auf die Stadt, die bewusst das Untypische beziehungsweise das für Fremdorte Typische suchen, Erkenntnisse über die Stadt, über ihre Baugeschichte, über ihre Bewohnerinnen gewinnen?

Oh ja! Bis jetzt hatte ich immer gedacht, ich kenne Wien schon sehr gut. Ich bin seit meinem vierten Lebensjahr Wiener, gehe aufmerksam durch die Stadt, beobachte, habe eine visuelle, atmosphärische Sensibilität für Menschen, Orte, Häuser. Und dennoch war ich auf meinen Spazierfahrten ehrfürchtig und überrascht ob der Schönheit und ob des geographischen und baukulturellen Reichtums in dieser Stadt. Ich war überrascht zu sehen, wie sehr Architektur und das Bauen, das Errichten von Gebäuden, das Gestalten von Straßen und Plätzen früher offenbar eine ästhetische und gesamtgesellschaftliche Aufgabe war – und wie wenig das heute der Fall ist.

Historische Bauwerke oder historisch gewachsene Ecken haben eher Eingang gefunden als die Architektur der letzten Jahrzehnte. Ist Letztere international austauschbar und weniger lokalspezifisch?

Das würde ich auf jeden Fall so sehen, würde den Zeitraum aber weiter fassen als die letzten zehn Jahre. Bei Bauten nach dem Zweiten Weltkrieg ist der Genius Loci definitiv weniger greifbar, die Assoziationen sind schwerer herzustellen. Die *Almost*-Serie hat mir vor allem auch gezeigt, wie sehr wir heutzutage ein normatives Programm absolvieren, nämlich Häuser bauen, Flächen schaffen, Volumen errichten, während in der Vergangenheit Bauherren und Architektinnen eine kulturelle, gesellschaftliche Verantwortung wahrgenommen haben. Wo Schönheit ist, wo viele Details sind, da kann ich auch referenziell viel erkennen und hineindeuten. Im Kopf herumreisen! Wenn die poetischen Details fehlen, gibt auch die Fassade weniger Gedankenstoff her. Mehr Gedankenstoff hingegen macht auch mehr Freude und Lebensqualität.

Ist »Almost« letztendlich eine Reise im Kopf?

Und wie! Und es ist die Einladung, das Gewohnte und Naheliegende neu zu sehen und eine neue Form von Schönheit und Exotik zu entdecken, vor allem jetzt, in diesen eigenartigen Monaten.

Anna Soucek hat Kunstgeschichte studiert und das »forum experimentelle architektur« mitbegründet. Beim ORF-Kultursender Ö1 gestaltet sie seit 2004 Radiobeiträge über Radiokunst, Architektur, Stadtforschung und Gegenwartskunst.

Ortsverzeichnis

Alpbach ... 80
Amiens ... 114
Angkor Wat ... 102
Arc-et-Senans ... 176
Asmara ... 70
Asunción ... 86
Atlantis ... 64
Bamberg ... 212
Bel Air ... 110
Belgrad ... 186
Berlin ... 152
Big Springs, Nebraska ... 210
Bischkek ... 168
Bordeaux ... 34
Bregenzerwald ... 166
Bristol ... 158
Brüssel ... 148
Buenos Aires ... 118
Bullerbü ... 108
Büyükada, Prinzeninseln ... 120
Cambridge ... 74
Capri (Villa Malaparte) ... 58
Chicago ... 180
Costa Brava ... 106
Denver ... 198

Des Moines, Iowa ... 142
Dessau ... 32
Detroit ... 156
Dresden ... 204
Dubai ... 20
Elliot Lake, Ontario ... 178
Everglades ... 146
Frankfurt am Main ... 18
Gera ... 48
Gomel ... 40
Granada (Alhambra) ... 16
Guangzhou ... 98
Havanna ... 150
Heidelberg ... 196
Helsinki ... 172
Hongkong (New Territories) ... 160
Irkutsk ... 68
Isfahan ... 62
Jesolo ... 26
Jurmala ... 164
Kandy ... 170
Kapstadt (Bo-Kaap) ... 184
Köln ... 124
Konstantinopel ... 84
Kopenhagen ... 66

Krk ... 200
Kuwait City ... 82
Kyoto ... 30
La Motte, Bretagne ... 208
Lemberg ... 52
Lhasa, Tibet ... 174
London ... 92
Loreto ... 122
Maasdijk, Westland ... 56
Madrid ... 96
Marfa, Texas ... 28
Marrakesch ... 22
Marseille ... 78
Mount Rushmore ... 206
München ... 24
New York (Midtown Manhattan) ... 54
Nischni Nowgorod ... 154
Nørre Lyngby ... 202
Nürnberg ... 136
Palm Springs ... 194
Paris ... 188
Peking ... 88
Périgueux ... 50
Phnom Penh ... 116
Pittsburgh ... 90

Pjöngjang ... 130
Pompeji ... 126
Prag ... 138
Priština / Prishtina ... 182
Quito ... 36
Rio de Janeiro ... 44
Rom ... 60
San Francisco ... 140
São Paulo ... 38
Sofia ... 46
St. Petersburg ... 132
Stavanger ... 190
Tel Aviv ... 42
Timişoara ... 144
Tokio ... 112
Toulouse ... 94
Trabzon ... 72
Valencia ... 76
Venedig ... 104
Washington, D.C. ... 100
Weimar (Park an der Ilm) ... 128
Zabrze, Schlesien ...192
Zakopane ... 134
Zakynthos ... 214
Zürich ... 162

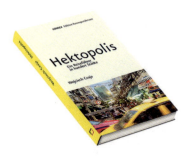

»In allen Städten war Wojciech Czaja auf der Suche nach dem einen: dem Moment der Unvergleichbarkeit, jenem Funken an Individualität, der der allgegenwärtigen globalen Vereinheitlichung trotzt.«
ORF-Radio Ö1

»Kenntnisreich und poetisch, einfühlsam und wortmächtig ... so lebendig, dass man Lust verspürt, seine eigenen Erfahrungen zu machen.«
Kirstin Breitenfellner, *Falter*

»Ein kurzweiliges Städtepanoptikum. *Hektopolis* ist eine sehr individuelle Geschichtensammlung, die Lust macht auf die Welt.«
Mia Eidlhuber, *Der Standard*

»Wojciech Czaja ist ein leidenschaftlicher Städtesammler und in Zeiten von Globalisierung und Cocacolonisation eine Art rasender Reporter auf der Suche nach Anachronismen und Relikten des Lokalen. Czaja gelingt es, jenseits touristischer Attraktionen typische Attribute als städtischen Wesenskern einzufangen.«
Frankfurter Allgemeine Zeitung

Wojciech Czaja

Hektopolis

Ein Reiseführer in hundert Städte

Jede Stadt ist anders. Jede Stadt hat ihren eigenen Charakter und ihre ganz eigenen Geschichten. Der vielreisende Städteliebhaber Wojciech Czaja widmet sich in *Hektopolis* genau diesen ortsspezifischen, feinstofflichen Qualitäten. In einhundert Miniaturen, auf jeweils zwei Buchseiten, porträtiert er hundert Städte aus aller Welt – von Å auf den Lofoten bis Z wie Zell am See. Von hektischen Megacitys wie Tokio und Schanghai bis hin zu einer Hauptstadt im pazifischen Nirgendwo mit null Einwohnern. Ob kleine Preziosen wie Al Buraimi im Oman oder längst bekannte Destinationen wie Venedig, Paris oder New York – Czaja offenbart einen alternativen Blick hinter die sonst übliche Städtetrip-Schablone. Vor unseren Augen lässt er filmreife Szenen entstehen, die einen unmittelbar in die Atmosphäre urbaner Lebenswelten eintauchen lassen. *Hektopolis* ist eine hinreißende Collage aus Momentaufnahmen. Eine Liebeserklärung an die Unterschiedlichkeit der Welt.

Originalausgabe
220 Seiten, Flexcover, Fadenheftung
20 Euro, ISBN 978-3-902951-30-4

Originalausgabe
2. Auflage
© Edition Korrespondenzen, Reto Ziegler, Wien 2021
Alle Rechte vorbehalten

Grafische Gestaltung: Schrägstrich Kommunikationsdesign,
Jule Siebenhaar, Markus Zahradnik-Tömpe
Umschlag: MVD Austria
Cover- und Porträtfoto: Florian Albert

Lektorat: Franz Hammerbacher
Gesetzt aus der Minion Pro
Druck: Holzhausen, eine Marke der Gerin Druck GmbH

www.korrespondenzen.at

ISBN 978-3-902951-56-4